For my parents, Ricardo and Erlinda Santiago,
with love — RMS (Pinky)

A mis papás, Silvia y Everardo con todo mi cariño y agradecimiento por hacer de mí la mujer que soy ahora. ¡Los Amo!- AVG (La Negra)

First Edition 1998
Second Impression 2000
Spanish English Bilingual Hardcover Edition 2003
Spanish English Bilingual Softcover Edition 2003

Published by Hoopoe Books,
a division of The Institute for the Study of Human Knowledge

The bilingual editions of this Shah tale were made possible by a grant from the Will J. Reid Foundation.

The Library of Congress has catalogued a previous English language only edition as follows:

Shah, Idries, 1924-
The farmer's wife / by Idries Shah; illustrated by Rose Mary Santiago.
p. cm.
Summary: A cumulative tale of a farmer's wife who is trying to retrieve an apple from a hole in the ground.
ISBN 1-883536-07-3
[1. Folklore.] I. Santiago, Rose Mary, ill. II. Title.
PZ8.1.S47Far 1997
398.2
[E]—DC21 96-49291
CIP
AC

This Edition ISBN 1-883536-33-2

The Farmer's Wife

La Esposa del Granjero

By Idries Shah
Illustrated by Rose Mary Santiago
Escrito por Idries Shah
Ilustrado por Rose Mary Santiago
Traducido por Angélica Villagrán de Gonzales

NCE UPON A TIME
there was a farmer's wife.

One day when she was picking apples from a tree, one of the apples fell into a hole in the ground and she couldn't get it out.

HABÍA UNA VEZ
una señora que era esposa de un granjero.

Un día cuando estaba arrancando manzanas de un árbol, una de las manzanas se cayó en un hoyo en la tierra y no la podía sacar.

She looked all around for someone to help her, and she saw a bird sitting on a nearby tree, and she said to the bird, "Bird, Bird, fly down the hole and bring back the apple for me!"

But the bird answered, "Tweet, tweet, tweet," which means "No."

He was rather a naughty bird, you see.

And the farmer's wife said, "What a naughty bird!"

Buscó por todos lados para ver quién la podía ayudar y vio a un pájaro que estaba sentado en un árbol cerca de allí, y le dijo al pájaro, "¡Pájaro, Pájaro, vuela hasta el hoyo y tráeme la manzana!"

Pero el pájaro le contestó "Fiu, fiu, fiu," que quiere decir "No."

Era un pájaro muy travieso, ¿Sabes?

Entonces la esposa del granjero dijo, "¡Qué pájaro tan travieso!"

And then she saw a cat, so she said to the cat, "Cat, Cat, jump at the bird until he flies down the hole and brings back the apple for me."

But the cat said, "Miaow, miaow," which means "No." She was rather a naughty cat, you see.

So the farmer's wife said, "What naughty cat!"

Y entonces vio a una gata,
y le dijo a la gata, "Gata, Gata,
sáltale al pájaro hasta que vuele
al hoyo y me traiga la manzana."

Pero la gata dijo, "Miau, miau"
que quiere decir "No."

Era una gata traviesa,
¿Sabes?

Entonces la esposa del
granjero dijo, "¡Qué
gata tan traviesa!"

And then she saw a dog, so she said to the dog, "Dog, Dog, chase the cat until she jumps at the bird, until he flies down the hole and brings back the apple for me."

But the dog said, "Bow-wow-wow," which means "No." He was rather a naughty little dog, you see.

So the farmer's wife said, "Good gracious, what a naughty little dog!"

Y entonces vio a un perro, y le dijo al perro, "Perro, Perro, persigue a la gata hasta que le salte al pájaro, hasta que vuele al hoyo y me traiga la manzana."

Pero el perro dijo, "Guau, guau," que quiere decir "No." Era un perro travieso, ¿Sabes?

Entonces la esposa del granjero dijo, "¡Ay, Caramba!, Qué perrito tan travieso!"

Then she looked around and she saw a bee and she said, "Bee, Bee, sting the dog until he chases the cat, until she jumps at the bird, until he flies down the hole and brings back the apple for me."

But the bee said, "Bzz-bzz," which means "No." He was rather a naughty bee, you see.

So the farmer's wife said, "Good gracious! What a naughty bee!"

Entonces buscó por todos lados y vio a una abeja, y le dijo a la abeja, "Abeja, Abeja, pica al perro, hasta que persiga a la gata, hasta que le salte al pájaro, hasta que el pájaro vuele al hoyo y me traiga la manzana."

Pero la abeja dijo, "Bzz, bzz," que quiere decir "No." Era una abeja traviesa, ¿Sabes?

Entonces la esposa del granjero dijo, "¡Ay, Caramba!, ¡Qué abeja tan traviesa!"

Then she looked around and she saw a beekeeper, and she said to the beekeeper, "Beekeeper, Beekeeper, tell the bee to sting the dog, until he chases the cat, until she jumps at the bird, until he flies down the hole and brings back the apple for me."

And the beekeeper said, "No, I won't."

So, the farmer's wife said, "Good gracious! What a naughty beekeeper!"

Entonces buscó por todos lados y vio a un apicultor, y le dijo, "Apicultor, Apicultor, dile a la abeja que pique al perro, hasta que persiga a la gata, hasta que ésta le salte al pájaro, hasta que el pájaro vuele al hoyo y me traiga la manzana."

Y el apicultor dijo, "No, no lo haré."

Entonces la esposa del granjero dijo, "¡Ay, Caramba!, ¡Qué apicultor tan travieso!"

And she looked around again.
This time she saw a rope on the ground.

And she said, "Rope, Rope, tie up the beekeeper until he tells the bee to sting the dog, to chase the cat, to jump at the bird, to fly down the hole and bring back the apple for me."

But the rope didn't take any notice at all. It just lay there. And the farmer's wife said, "Good gracious! What a naughty rope!"

Y entonces de nuevo buscó por todos lados.
Esta vez vio una cuerda sobre el pasto.

Y le dijo a la cuerda, "Cuerda, Cuerda, amarra al apicultor hasta que éste le diga a la abeja que pique al perro, hasta que el perro persiga a la gata, hasta que la gata le salte al pájaro, hasta que el pájaro vuele al hoyo y me traiga la manzana."

Pero la cuerda no hizo caso de nada. Se quedó allí tirada. Y la esposa del granjero dijo, "¡Ay, Caramba!, ¡Qué cuerda tan traviesa!"

And then she looked around
and she saw a fire.
And she said, "Fire, Fire, burn the rope
until it ties up the beekeeper, until the
beekeeper tells the bee to sting the dog, to
chase the cat, to jump at the bird, to fly down
the hole and bring back the apple for me."
But the fire said nothing at all. It just
didn't take any notice. It wasn't going
to burn the rope.
"Good gracious!" said the farmer's
wife. "What a naughty fire!"

Y entonces buscó por todos lados hasta que vio una fogata.

Y le dijo a la fogata, "Fogata, Fogata, quema la cuerda hasta que amarre al apicultor, hasta que el apicultor le diga a la abeja que pique al perro, hasta que el perro persiga a la gata, hasta que la gata le salte al pájaro, hasta que el pájaro vuele al hoyo y me traiga la manzana."

Pero la fogata no dijo nada. Solo se quedó allí sin hacerle caso. No iba a quemar la cuerda.

"¡Ay, Caramba!" dijo la esposa del granjero. ¡Qué fogata tan traviesa!"

And she looked around again, and she saw a puddle of water.

And she said, "Water, Water, put out the fire, because it won't burn the rope, because it won't tie up the beekeeper, because the beekeeper won't tell the bee to sting the dog, because the dog won't chase the cat, because the cat won't jump at the bird. And because the bird won't fly down the hole and bring back the apple for me."

But the water didn't take any notice at all.

And the farmer's wife said, "Good gracious! What a very naughty puddle of water you are!"

Y buscó por todos lados otra vez y vio un charco de agua.

Y dijo, "Agua, Agua, apaga la fogata, porque no quiere quemar la cuerda, porque la cuerda no quiere amarrar al apicultor, porque el apicultor no quiere decirle a la abeja que pique al perro, porque el perro no quiere perseguir a la gata, porque la gata no quiere saltar al pájaro. Y porque el pájaro no quiere volar al hoyo y traerme la manzana."

Pero el agua no hizo caso.

Y la esposa del granjero dijo, "¡Ay, Caramba!, ¡Pero que charco de agua tan travieso eres!"

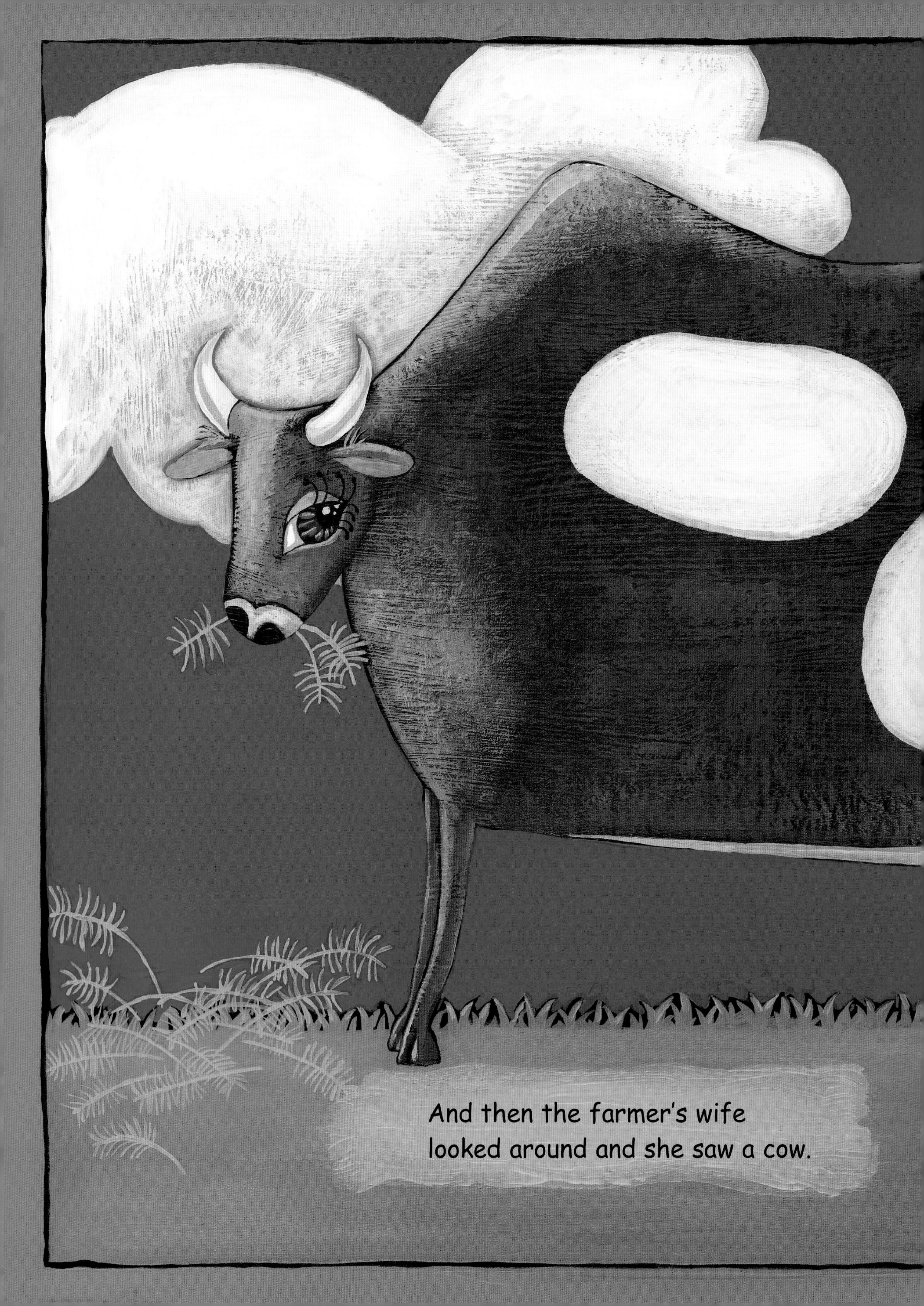

And then the farmer's wife
looked around and she saw a cow.

Y entonces la esposa del granjero
buscó por todos lados y vio a una vaca.

And she said to the cow,
"Cow, Cow, drink up the water,
because it won't put out the fire,
because the fire won't burn the rope, because
the rope won't tie up the beekeeper, because the
beekeeper won't tell the bee to sting the dog, to
chase the cat, to jump at the bird, to fly down
the hole and bring back the apple for me."
But the cow
only said, "Moo,
moo," which
means "No."
And the farmer's wife said,
"What a naughty cow!"

Y le dijo a la vaca, "Vaca, vaca, bébete el agua, porque no quiere apagar la fogata, porque la fogata no quiere quemar la cuerda, porque la cuerda no quierea amarrar al apicultor, porque el apicultor no le quiere decir a la abeja que pique al perro, para que el perro persiga a la gata, para que la gata le salte al pájaro para que el pájaro vuele al hoyo y me traiga la manzana."
Pero la vaca solo dijo, "Muuu, muuu," que quiere decir "No."
Y la esposa del granjero dijo, "¡Qué vaca tan traviesa!"

And then the farmer's wife looked around once more and she saw the bird again.
So she said to the bird, "I want you just to peck that cow a little."
So the bird said, "All right, I don't mind pecking that cow. As long as you don't expect me to fly down the hole and bring back the apple for you."
So, the bird, who was a bit naughty, pecked the cow.

Y entonces la esposa del granjero buscó por todos lados una vez más y de nuevo vio al pájaro.

Entonces le dijo al pájaro "Solo quiero que piques a esa vaca un poquito."

Entonces el pájaro dijo, "Está bien, no me molesta picar a esa vaca un poquito. Siempre y cuando no me pidas que vuele al hoyo y te traiga la manzana."

La esposa del granjero le dijo, "Tú solo pica a la vaca."

Y el pájaro, que era muy travieso picó a la vaca.

And the cow started to drink up the water, and the water started to put out the fire, and the fire started to burn the rope, and the rope started to tie up the beekeeper,

Y la vaca empezó a beber el agua, y el agua empezó a apagar la fogata, y la fogata empezó a quemar la cuerda, y la cuerda empezó a amarrar al apicultor,

and the beekeeper started to tell the bee, and the bee started to sting the dog, and the dog started to chase the cat, and the cat started to jump at that very same bird that had pecked the cow.

y el apicultor le empezó a decir a la abeja, y la abeja empezó a picar al perro, y el perro empezó a perseguir a la gata, y la gata empezó a saltarle al mismo pájaro que había picado a la vaca.

And then the wind flew down the hole and brought back the apple for the farmer's wife.

Y entonces, el viento sopló hasta el hoyo y le devolvió la manzana a la esposa del granjero.

And everyone lived
happily ever after.
Y todos vivieron felices para siempre.

Other Books by Idries Shah

For Young Readers
The Clever Boy and the Terrible, Dangerous Animal
El León que se Vio en el Agua/The Lion Who Saw Himself in the Water
The Silly Chicken
The Boy Without a Name
The Old Woman and the Eagle
The Man with Bad Manners
Neem the Half-Boy
The Lion Who Saw Himself in the Water
The Farmer's Wife
The Magic Horse
World Tales

Literature
The Hundred Tales of Wisdom
A Perfumed Scorpion
Caravan of Dreams
Wisdom of the Idiots
The Magic Monastery
The Dermis Probe

Novel
Kara Kush

Humor
The Exploits of the Incomparable Mulla Nasrudin
The Pleasantries of the Incredible Mulla Nasrudin
The Subtleties of the Inimitable Mulla Nasrudin
The World of Nasrudin
Special Illumination

Human Thought
Learning How to Learn
The Elephant in the Dark
Thinkers of the East
Reflections
A Veiled Gazelle
Seeker After Truth

Sufi Studies
The Sufis
The Way of the Sufi
Tales of the Dervishes
The Book of the Book
Neglected Aspects of Sufi Study
The Commanding Self
Knowing How to Know

Studies of the English
Darkest England
The Natives are Restless